school - məktəp	2
reis - səyəxət	5
transport - transport	8
stad - şəhər	10
landschap - tirə-yün	14
restaurant - restoran	17
supermarkt - supermarket	20
dranken - eçemleklər	22
eten - azıq	23
boerderij - çeftlek	27
huis - yort	31
woonkamer - qunaq bülməse	33
keuken - aş bülməse	35
badkamer - yuınu bülməse	38
kinderkamer - bala bülməse	42
kleding - kiyem	44
kantoor - ofis	49
economie - iqtisad	51
beroepen - hönərlər	53
gereedschap - ələtlər	56
muziekinstrumenten - muzıka alətləre	57
dierentuin - xaywan baqçası	59
sport - sport törləre	62
activiteiten - itkenleklər	63
familie - ğailə	67
lichaam - tən	68
ziekenhuis - xastaxanə	72
noodgeval - kiçektergesez xəl	76
aarde - Cir	77
klok - səğət	79
week - atna	80
jaar - yıl	81
vormen - şəkellər	83
kleuren - töslər	84
tegenstellingen - qapma-qarşılıqlar	85
getallen - sannar	88
talen - tellər	90
wie / wat / hoe - kem / nərsə / niçek	91
waar - qayda	92

Impressum
Verlag: BABADADA GmbH, Nedderfeld 112 , 22529 Hamburg
Geschäftsführer / Verlagsleitung: Harald Hof
Druck: Books on Demand GmbH, In de Tarpen 42, 22848 Norderstedt

Imprint
Publisher: BABADADA GmbH, Nedderfeld 112 , 22529 Hamburg, Germany
Managing Director / Publishing direction: Harald Hof
Print: Books on Demand GmbH, In de Tarpen 42, 22848 Norderstedt

school
məktəp

klaslokaal
sıynıf bülməsi

delen
bülü

bord
taqta

schoolplein
məktəp ixatası

leraar
uqıtuçı

papier
kəğəz

schrijven
yazarğa

pen
qələm

bureau
östəl

lineaal
sızğıç

boek
kitap

leerling
uquçı

schooltas
buqça

etui
qələmdan

potlood
qırandaş

puntenslijper
qələm oçlağıç

gum
betergeç

schetsblok
rəsem dəftərə

tekening
rəsem

penseel
pumala

verfdoos
buyawlar tartması

schaar
qayçı

lijm
cilem

schrift
dəftər

huiswerk
öy eşe

getal
san

optellen
quşu

aftrekken
alu

vermenigvuldigen
tapqırlaw

rekenen
isəpləw

letter
xəref

alfabet
əlifba

woord
süz

school - məktəp

tekst
tekst

lezen
uqırğa

krijt
aqbur

les
dəres

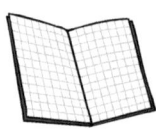
klassenboek
sıynıf jurnalı

examen
imtixan

diploma
sertifikat

schooluniform
məktəp forması

opleiding
məğərif

encyclopedie
ensiklopediyə

universiteit
universitə

microscoop
mikroskop

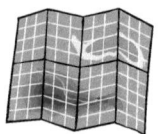
kaart
xarita

prullenmand
çüp qəğəz çiləge

school - məktəp

reis
səyəxət

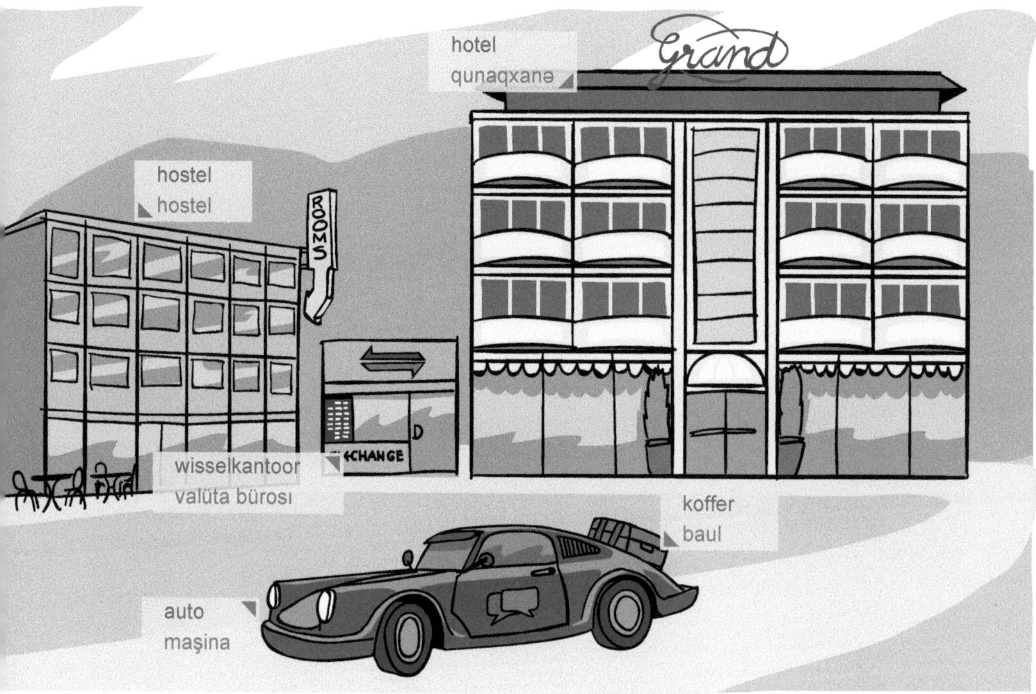

hotel
qunaqxanə

hostel
hostel

wisselkantoor
valūta bürosı

koffer
baul

auto
maşina

taal
tel

ja / nee
əye / yuq

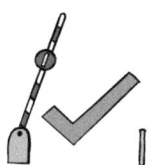

oké
yarar

Hallo!
isənmesez

tolk
tərceməçe

Bedankt.
Rəxmət

reis - səyəxət 5

Wat kost ...?
... küpme tora?

Ik begrijp het niet.
min añlamıym

probleem
problem

Goedenavond!
Xəyerle kiç!

Goedemorgen!
Xəyerle irtə!

Goedenacht!
Tınıç yoqı!

Tot ziens!
saw bulığız

richting
yünəleş

bagage
bagaj

tas
buqça

rugzak
biştər

gast
qunaq

kamer
bülmə

slaapzak
yoqı qapçığı

tent
çatır

reis - səyəxət

VVV-kantoor	strand	creditkaart
turist məğlüməte	qomsal	kredit kərte

ontbijt	lunch	diner
irtənge aş	töşlek	kiçke aş

kaartje	lift	postzegel
bilet	lift	marka

grens	douane	ambassade
çik	tamğaxanə	ilçelek

visum	paspoort
viza	pasport

reis - səyəxət

transport
transport

vliegtuig
oçqıç

schip
kərap

brandweerwagen
yanğın maşinası

bus
awtobus

vrachtauto
töyər

motorboot
motorlı köymə

fiets
səpid

auto
maşina

veerboot
boram

boot
köymə

motorfiets
motosiklət

politiewagen
polisə maşınası

raceauto
uzış maşınası

huurauto
kiralıq maşına

transport - transport

carsharing
karşering

takelwagen
tartuçı

vuilniswagen
çüp töyəre

motor
motor

benzine
yağulıq

benzinepomp
benzinlek

verkeersbord
trafik bilgese

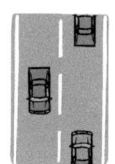

verkeer
xərəkət

file
böke

parkeerplaats
parking

station
stansa

rails
rəy

trein
trən

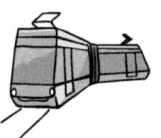

tram
tramway

wagon
vagon

transport - transport

helikopter
boralaq

luchthaven
hawa alanı

toren
manara

passagier
yulçı

container
konteyner

verhuisdoos
alap

kar
yök arbası

mand
səbət

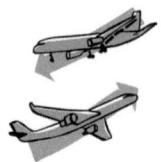
opstijgen / landen
qalqu / töşü

stad
şəhər

dorp
awıl

stadscentrum
şəhər üzəge

huis
yort

stad - şəhər

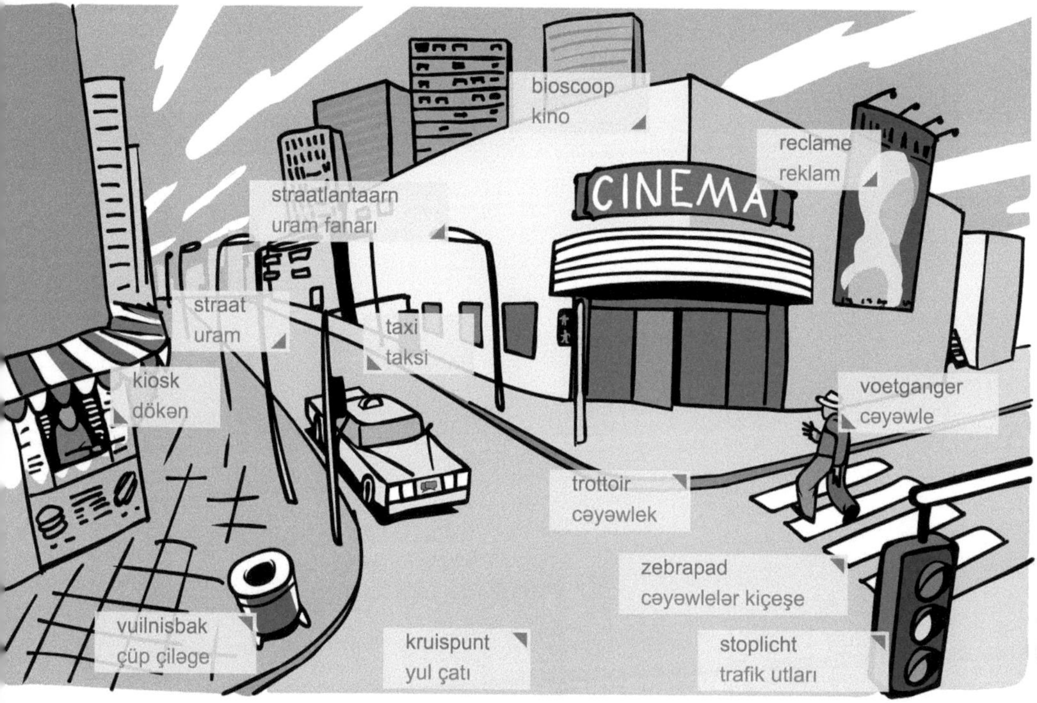

bioscoop / kino
reclame / reklam
straatlantaarn / uram fanarı
straat / uram
taxi / taksi
kiosk / dökən
voetganger / cəyəwle
trottoir / cəyəwlek
zebrapad / cəyəwlelər kiçeşe
vuilnisbak / çüp çiləge
kruispunt / yul çatı
stoplicht / trafik utları

hut
alaçıq

appartement
fatir

station
stansa

stadhuis
şəhər xakimiyəte

museum
yədkərxanə

school
məktəp

stad - şəhər

universiteit
universitə

bank
bank

ziekenhuis
xastaxanə

hotel
qunaqxanə

apotheek
daruxanə

kantoor
ofis

boekenwinkel
kitap kibete

winkel
kibet

bloemenwinkel
çəçək kibete

supermarkt
supermarket

markt
bazar

warenhuis
zur kibet

visboer
balıq kibete

winkelcentrum
səwdə üzəge

haven
liman

stad - şəhər

park
park

bank
eskəmiyə

brug
küper

trap
basqıç

metro
metro

tunnel
tunnel

bushalte
awtobus tuqtalışı

bar
bar

restaurant
restoran

brievenbus
yamıl tartması

straatnaambord
uram bilgese

parkeermeter
parking sanağıçı

dierentuin
xaywan baqçası

zwembad
xəwezxanə

moskee
məçet

stad - şəhər

boerderij / çeftlek

vervuiling / kerlelek

begraafplaats / zirat

kerk / çirkəw

speelplaats / uyın alanı

tempel / ğibädätxanä

landschap
tirə-yün

- blad / yafraq
- wegwijzer / yul kürsətkeçe
- weg / yul
- weide / bolın
- steen / taş
- boom / ağaç
- wandelaar / yöreşçe
- rivier / yılğa
- gras / ülən
- bloem / çeçek

landschap - tirə-yün

vallei
üzən

berg
qalqulıq

meer
kül

bos
urman

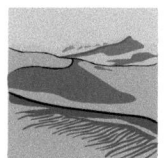
woestijn
çül

vulkaan
yanartaw

kasteel
nığıtma

regenboog
salawat küpere

paddenstoel
gömbə

palmboom
palma

mug
çerki

vlieg
çeben

mier
qırmısqa

bij
bal qortı

spin
ürməküç

landschap - tirə-yün

15

kever
qoñğız

kikker
baqa

eekhoorn
tiyen

egel
kerpe

haas
quyan

uil
yabalaq

vogel
qoş

zwaan
aqqoş

wild zwijn
qaban duñğızı

hert
bolan

eland
poşıy

stuwdam
tuan

windmolen
cir turbinı

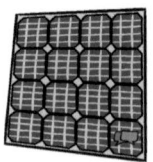

zonnepaneel
qoyaş panele

klimaat
iqlim

landschap - tirə-yün

restaurant
restoran

- ober / tabınçı
- menu / saylaq
- stoel / urındıq
- soep / aş
- pizza / pitsa
- bestek / çeneçke-pıçaq taqımı
- tafelkleed / aşyawlıq

voorgerecht
qabımlıq

hoofdgerecht
töp aşamlıq

toetje
tatlı

dranken
eçemlekler

eten
azıq

fles
şeşe

restaurant - restoran 17

fastfood
fastfud

eetkraampje
uram rizığı

theepot
çəygün

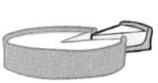

suikerpot
şikər sawıtı

portie
salım

espressomachine
espresso maşını

kinderstoel
biyek urındıq

rekening
xisap

dienblad
töger

mes
pıçaq

vork
çəneçke

lepel
qaşıq

theelepel
çəy qaşığı

servet
tastımal

glas
tustağan

restaurant - restoran

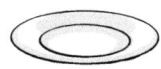

bord	soepbord	schotel
tabaq	aş tabağı	cəypək

saus	zoutvaatje	pepermolen
sous	toz sawıtı	borıç tegermene

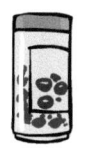

azijn	olie	kruiden
serkə	sıyıq may	təmlətkeç

ketchup	mosterd	mayonaise
ketçup	xərdəl	mayonez

restaurant - restoran

supermarkt
supermarket

aanbieding
maxsus təqdim

klant
satıp aluçılar

zuivelproducten
söt eşlənmələre

winkelwagen
kibet arbası

fruit
cimeş

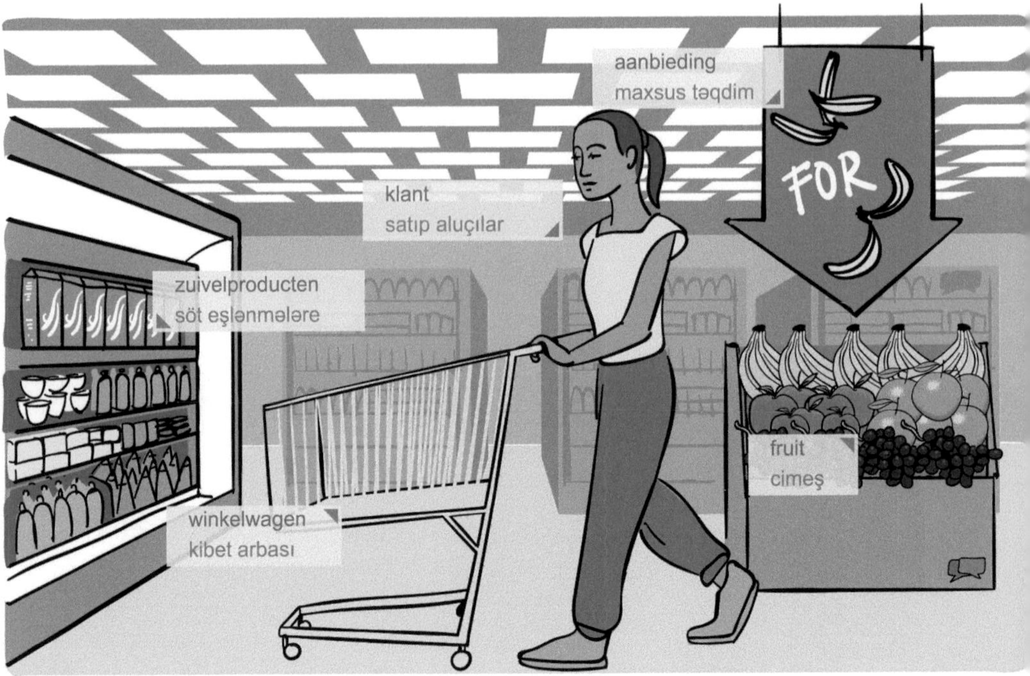

slager
it kibete

bakkerij
ikməkxanə

wegen
ülçəw

groente
yəşelçə

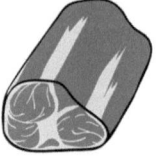

vlees
it

diepvriesproducten
tuñdırılğan aşamlıqlar

supermarkt - supermarket

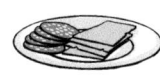

vleeswaren

suıq it

conserven

kənsirləngən aşamlıq

wasmiddel

ker tuzı

snoepgoed

şikərləmələr

huishoudelijke artikelen

öy eşlənmələre

schoonmaakmiddel

təmizlek eşlənmələre

verkoopster

satuçı

kassa

yazuçı kassa

kassier

kassir

boodschappenlijstje

satıp alu isemlege

openingstijden

eş waqıtı

portefeuille

qalta

creditkaart

kredit kərte

tas

buqça

plastic zak

plastik qapçıq

supermarkt - supermarket

dranken
eçemleklər

water
su

sap
sut

melk
söt

cola
kola

wijn
şərəb

bier
sıra

alcohol
xəmer

chocolademelk
kakao

thee
çəy

koffie
qəhwə

espresso
espresso

cappuccino
kapuçino

eten
azıq

banaan
banan

appel
alma

sinaasappel
əflisun

watermeloen
qarbız

citroen
limon

wortel
kişer

knoflook
sarımsaq

bamboe
bambu

ui
suğan

paddenstoel
gömbə

noten
çikləweklər

pasta
toqmaç

eten - azıq

spaghetti
spagetti

rijst
döge

salade
salat

friet
çips

gebakken aardappelen
qızdırılğan bərəñge

pizza
pitsa

hamburger
hamburger

sandwich
sandwiç

schnitzel
kətlit

ham
ветчина

salami
salami

worst
sosis

kip
tawıq ite

gebraad
qızdırma

vis
balıq

eten - azıq

havermout
solı izməse

muesli
müsli

cornflakes
məkkəy keterdege

meel
on

croissant
kruassan

broodjes
ipi tügərəge

brood
ikmək

toast
tost

koekjes
kətərməç

boter
may

kwark
eremçek

taart
kəyk

ei
yomırqa

gebakken ei
təbə

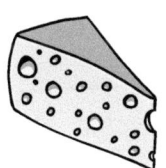

kaas
pəynir

eten - azıq

ijs	suiker	honing
tuñdırma	şikər	bal

jam	chocoladepasta	kerrie
qaynatma	şokolad izməse	karri

eten - azıq

boerderij
çeftlek

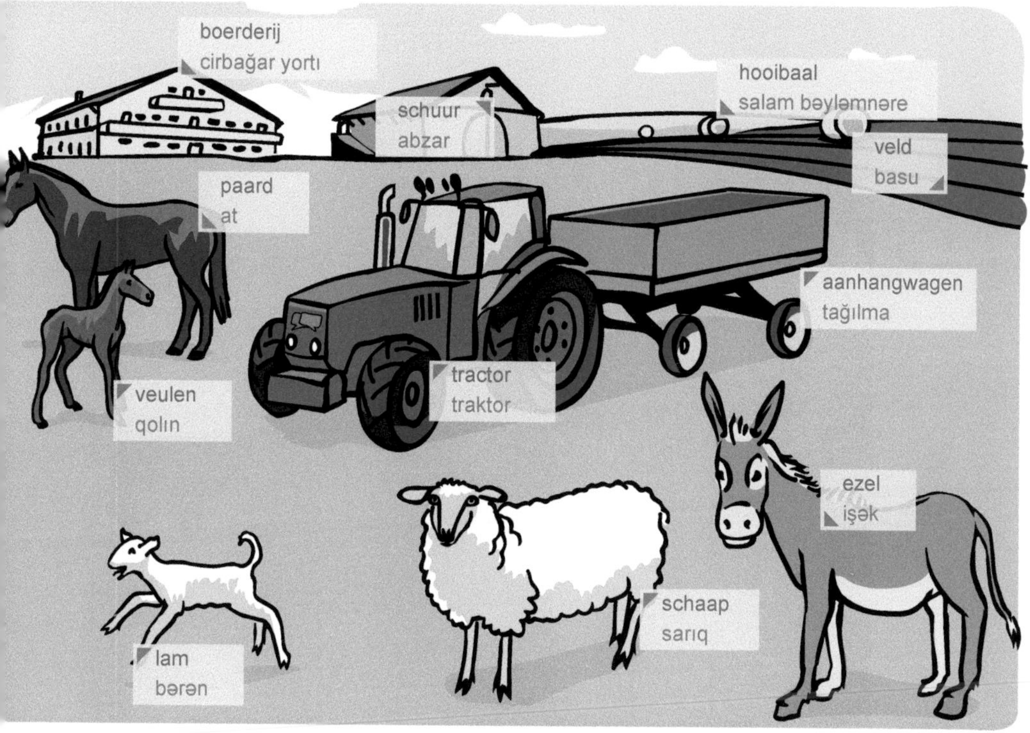

boerderij
cirbağar yortı

schuur
abzar

hooibaal
salam beyləmnərə

veld
basu

paard
at

aanhangwagen
tağılma

veulen
qolın

tractor
traktor

ezel
işək

lam
bərən

schaap
sarıq

geit
kəcə

koe
sıyır

kalf
bozaw

varken
duñğız

big
duñğız balası

stier
ügez

gans
qaz

eend
ürdək

kuiken
çebi

kip
tawıq

haan
ətəç

rat
küse

kat
pesi

muis
tıçqan

os
eş ügeze

hond
et

hondenhok
et oyası

tuinslang
baqça xortumı

gieter
susipkeç

zeis
çalğı

ploeg
saban

boerderij - çeftlek

sikkel
uraq

schoffel
kitmən

hooivork
sənək

bijl
balta

kruiwagen
qul arbası

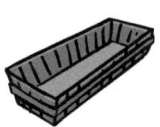

trog
tağaraq

melkbus
söt çiləge

zak
qapçıq

hek
qoyma

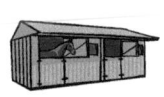

stal
abzar

broeikas
essexanə

grond
tufraq

zaad
orlıq

mest
aşlama

maaidorser
kombayn

boerderij - çeftlek

  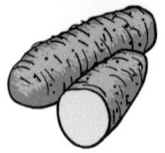

oogsten	oogst	yam
uñış cıyarğa	uñış	yam

tarwe	soja	aardappel
boday	soya	bərəñge

maïs	koolzaad	fruitboom
məkkəy	raps	cimeş ağaçı

maniok	granen
manyok	börteklelər

boerderij - çeftlek

huis
yort

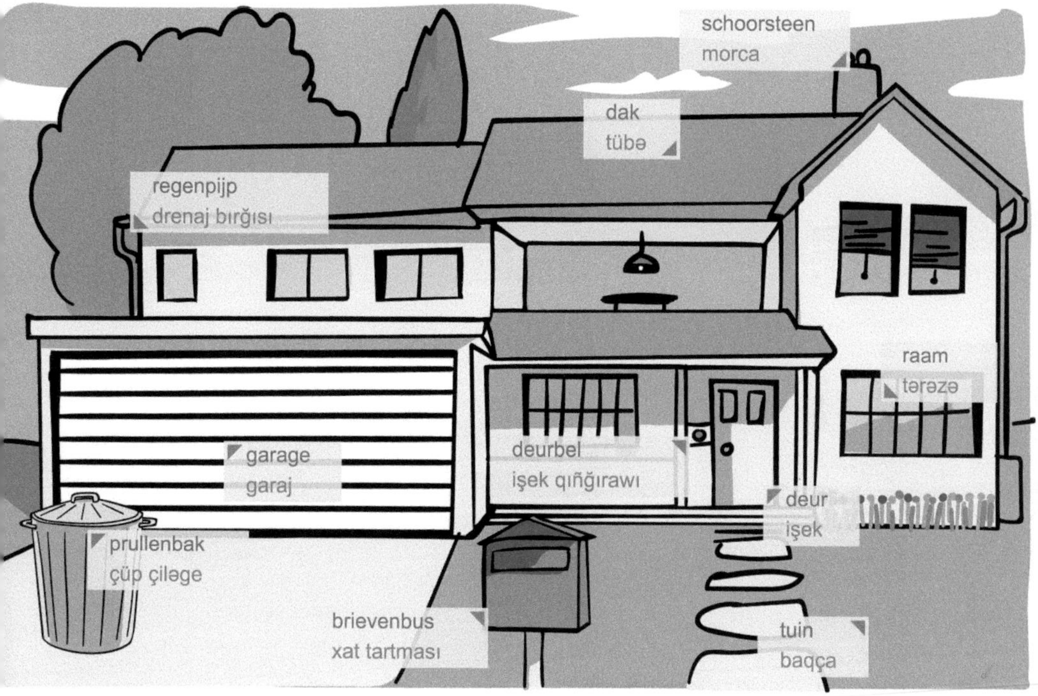

schoorsteen
morca

dak
tübə

regenpijp
drenaj bırğısı

raam
tərəzə

garage
garaj

deurbel
işek qıñğırawı

deur
işek

prullenbak
çüp çiləge

brievenbus
xat tartması

tuin
baqça

woonkamer
qunaq bülməse

badkamer
yuınu bülməse

keuken
aş bülməse

slaapkamer
yataq bülməse

kinderkamer
bala bülməse

eetkamer
aş bülməse

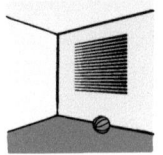
vloer
idän

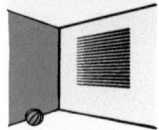
muur
diwar

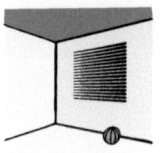
plafond
tüşəm

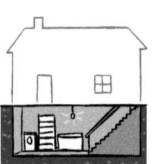
kelder
tülə

sauna
sawna

balkon
balkon

terras
teras

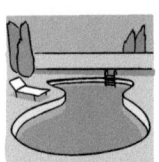
zwembad
xəwez

grasmaaier
çirəmçapqıç

laken
cəymə

bedsprei
yataq yapması

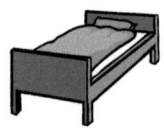
bed
yataq

bezem
seberke

emmer
çilək

schakelaar
özgeç

huis - yort

woonkamer
qunaq bülməse

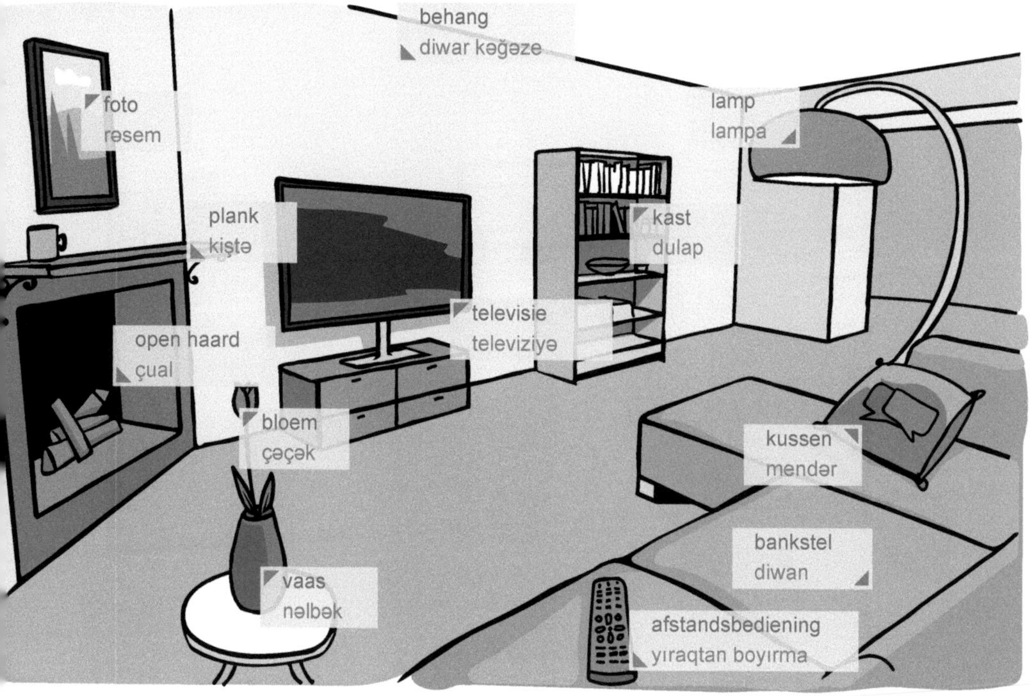

- behang / diwar kəğəze
- foto / rəsem
- lamp / lampa
- plank / kiştə
- kast / dulap
- open haard / çual
- televisie / televiziyə
- bloem / çəçək
- kussen / məndər
- bankstel / diwan
- vaas / nəlbək
- afstandsbediening / yıraqtan boyırma

tapijt
keləm

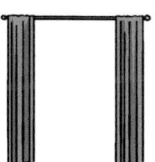

gordijn
pərdə

tafel
östəl

stoel
urındıq

schommelstoel
tirbəlmə urındıq

stoel
kənəfi

boek
kitap

deken
yapma

decoratie
dekor

brandhout
utın

film
film

stereo-installatie
hi-fi

sleutel
açqıç

krant
gəcit

schilderij
sürət

poster
poster

radio
radio

kladblok
quyın dəftərə

stofzuiger
tuzansuırğıç

cactus
kaktus

kaars
şəm

woonkamer - qunaq bülməse

keuken
aş bülməsə

- koelkast / suıtqıç
- magnetron / mikrodulqınlı miç
- keukenweegschaal / aşxanə ülçəwe
- schoonmaakmiddel / yuğıç əyber
- toaster / toster
- vriesvak / tuñdırğıç
- oven / miç
- prullenbak / çüp çiləgə
- vaatwasser / sawıt-saba yuğıç

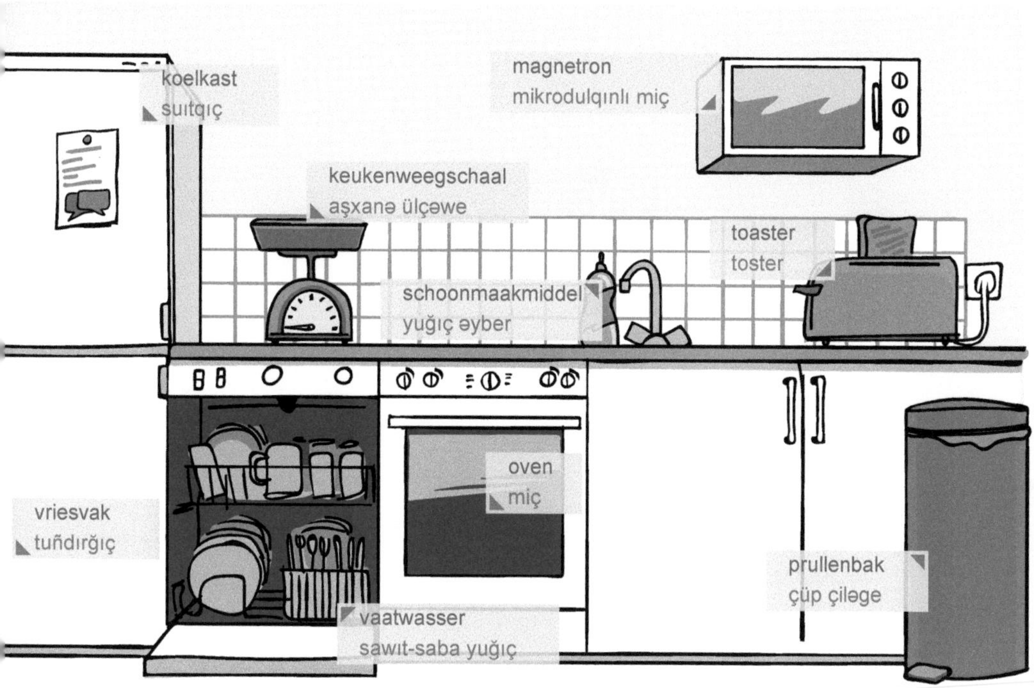

fornuis
əwsək

pan
sağan

gietijzeren pan
çuyın sağan

wok / kadai
wok

koekenpan
taba

ketel
çəygün

stoomkoker
bulı peşergeç

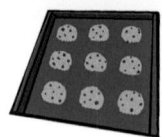

bakplaat
qalay

servies
sawıt-saba

beker
təgəç

kom
kəsə

eetstokjes
aşaw tayaqçıqları

soeplepel
ucaw

spatel
spatula

garde
tuğlağıç

vergiet
sözgeç

zeef
ilək

rasp
qırğıç

vijzel
kile

barbecue
barbekü

vuurhaard
açıq uçaq

keuken - aş bülməse

snijplank   deegroller   kurkentrekker
taqta   uqlaw   böke suırğıç

blik   blikopener   pannenlap
metal tartma   kənsir açqıç   miç biyələye

  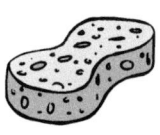

wasbak   borstel   spons
kirşən   fırça   bolıt

 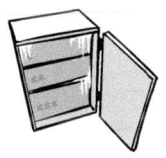 

blender   vriezer   babyflesje
blender   tirən tuñdırğıç   imezlekle şeşə

kraan
çömək

keuken - aş bülməse

badkamer
yuınu bülməse

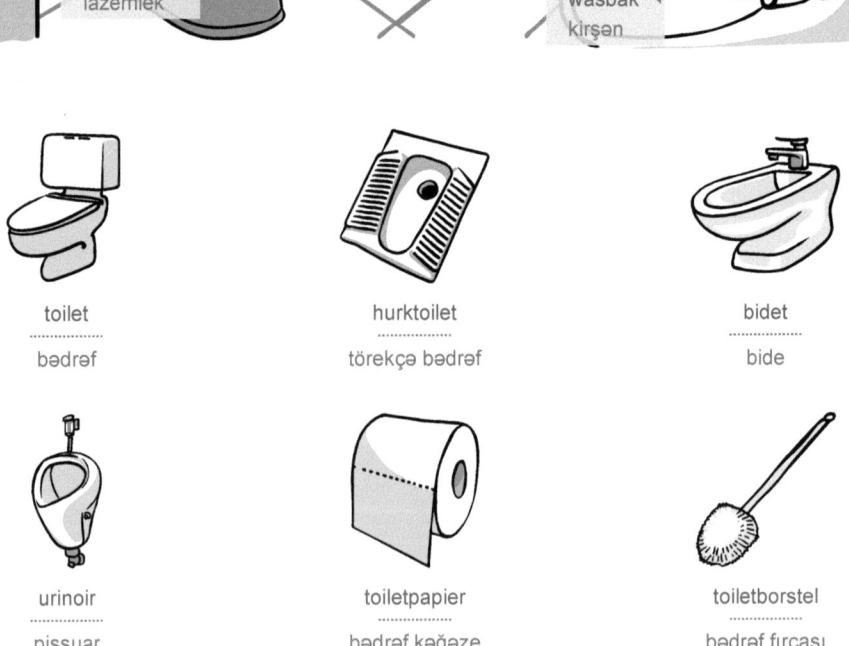

toilet	hurktoilet	bidet
bədrəf	törekçə bədrəf	bide
urinoir	toiletpapier	toiletborstel
pissuar	bədrəf kəğəze	bədrəf fırçası

tandenborstel
teş fırçası

tandpasta
teş məğcüne

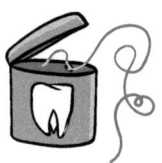

flosdraad
teş cebe

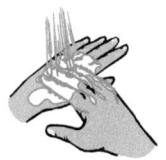

wassen
yuarğa

handdouche
duş başlığı

toiletdouche
duş

waskom
kirşən

rugborstel
arqa fırçası

zeep
sabın

douchegel
duş señəle

shampoo
şampun

washanje
munçala

afvoer
ağım

creme
krem

deodorant
dezodorant

badkamer - yuınu bülməse

spiegel
közge

make-upspiegel
qul közgese

scheermes
östərə

scheerschuim
qırınu kübege

aftershave
qırınu losyonı

kam
taraq

borstel
fırça

haardroger
fön

haarspray
çəç sprəye

make-up
makiyaj

lippenstift
iren innege

nagellak
tırnaq cələse

watten
mamıq

nagelschaartje
tırnaq qayçısı

parfum
xuşbuy

toilettas	kruk	weegschaal
makiyaj buqçası	utırğıç	ülçəw

badjas	rubber handschoenen	tampon
çoba	rezin iləsə	tampon

 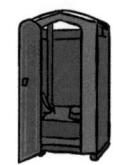

maandverband	chemisch toilet
higiyenik pəd	kimiyəwi bədrəf

badkamer - yuınu bülməse

kinderkamer
bala bülməse

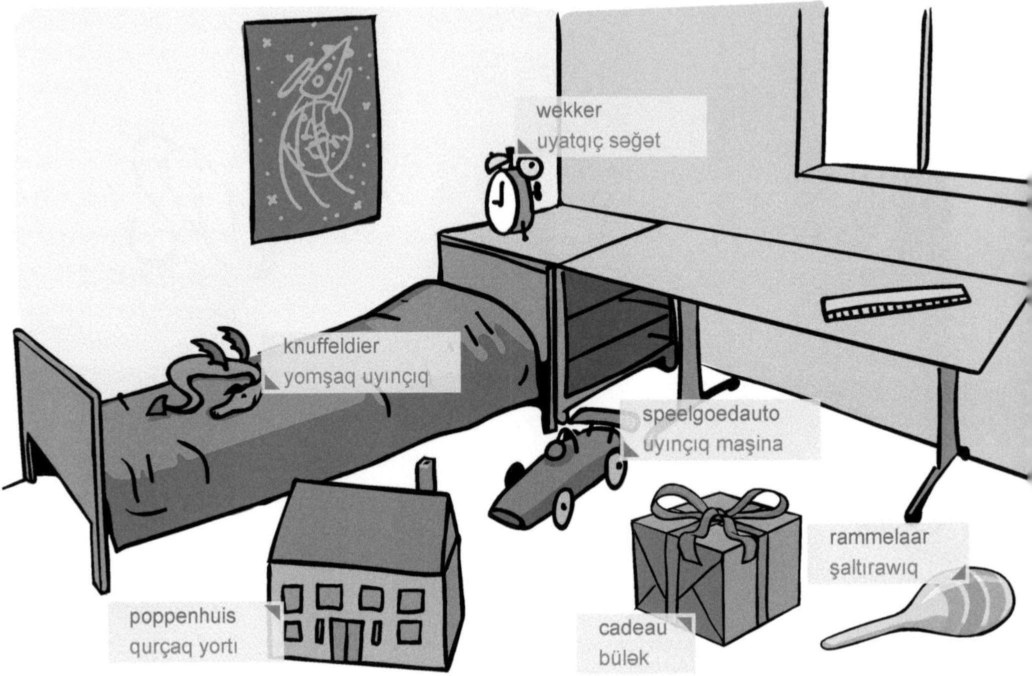

wekker
uyatqıç səğət

knuffeldier
yomşaq uyınçıq

speelgoedauto
uyınçıq maşina

poppenhuis
qurçaq yortı

cadeau
bülək

rammelaar
şaltırawıq

ballon

hawa şarı

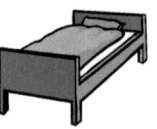

bed

yataq

kinderwagen

bəbi arbası

kaartspel

kərt dəstəsə

puzzel

pazl

stripverhaal

komiks

legostenen
lego kirpəçlərə

speelgoedblokken
şaqmaqlar

actiefiguurtje
uyın sınçığı

romper
zıbın

frisbee
frisbi

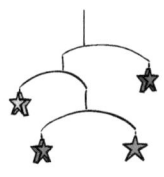
mobile
mobil

bordspel
östəl uyını

dobbelsteen
uyın taşı

modeltrein
trən modele cıyılması

speen
imezlek

feestje
kiçə

prentenboek
rəsemle kitap

bal
tup

pop
qurçaq

spelen
uynarğa

kinderkamer - bala bülməse

zandbak
qomlıq

schommel
tağan

speelgoed
uyınçıqlar

spelcomputer
uyın quşması

driewieler
öç köpçəkle səpid

teddybeer
uyınçıq ayu

kleerkast
kiyem dulabı

kleding
kiyem

sokken
oyıqbaş

kousen
oyıq

panty
oyığıştan

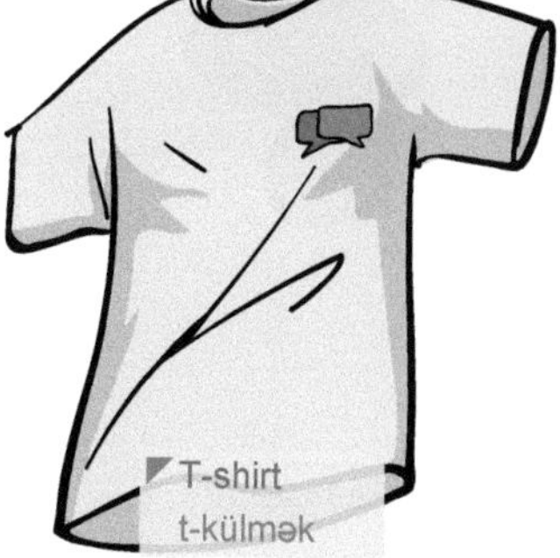

sjaal
şarf

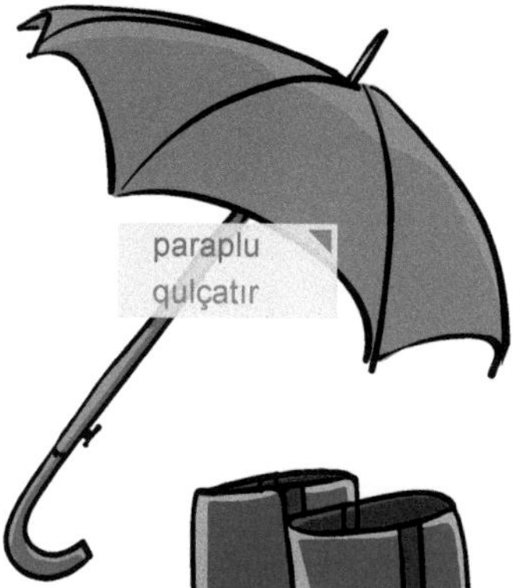

riem
qayış

paraplu
qulçatır

T-shirt
t-külmək

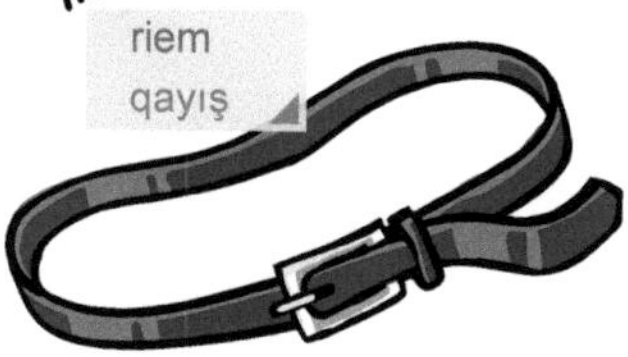

sportschoenen
sport ayaq kiyeme

laarzen
itek

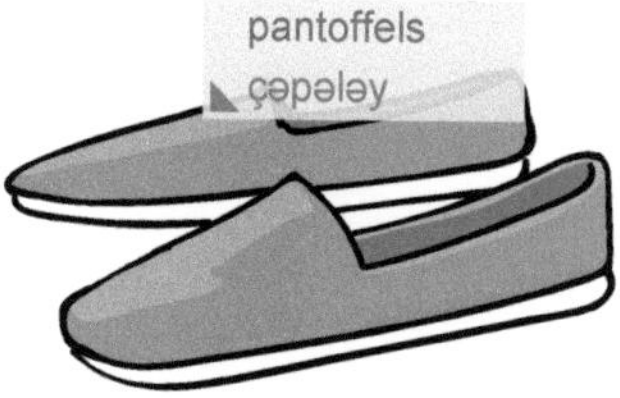

pantoffels
çəpələy

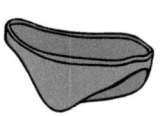

sandalen
sandallar

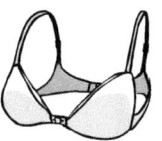

schoenen
ayaq kiyeme

rubberlaarzen
rezin itek

onderbroek
tənban

beha
tüşti

onderhemd
cələk

kleding - kiyem

body
bodi

broek
çalbar

spijkerbroek
jins

rok
itək

blouse
bluz

overhemd
külmək

trui
sviter

hoody
hudi

blazer
bleyzer

jas
jaket

mantel
bişmət

regenjas
yañgırlıq

kostuum
kəçtüm

jurk
külmək

trouwjurk
tuy külməge

kleding - kiyem

pak
taqım kiyem

nachthemd
tönge külmək

pyjama
pijama

sari
sari

hoofddoek
yawlıq

tulband
çalma

boerka
burqa

kaftan
çapan

abaja
abaya

zwempak
qoyınu kiyeme

zwembroek
yözü tənbanı

korte broek
şort

trainingspak
sport kiyeme

schort
alyapqıç

handschoenen
iləsə

kleding - kiyem

knoop
töymə

bril
küzlek

armband
beləzek

ketting
muyınsa

ring
baldaq

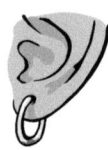
oorbel
alqa

pet
kəpeç

kledinghanger
elgeç

hoed
eşləpə

stropdas
muyınbaw

rits
zıncır

helm
oçlam

bretels
çalbar asması

schooluniform
məktəp forması

uniform
forma

kleding - kiyem

slabbetje
balalar kükrəkçəse

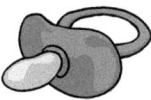
speen
imezlek

luier
küzələ

kantoor
ofis

- papier / kəğəz
- archiefkast / buma dulabı
- printer / basaq
- server / server
- beeldscherm / kürək
- bureau / östəl
- muis / tıçqan
- map / buma
- toetsenbord / töyməsar
- prullenmand / çüp qəğəz çiləge
- computer / sanaq
- stoel / urındıq

koffiemok
qəhwə təgəçe

rekenmachine
sansanar

internet
internet

kantoor - ofis   49

laptop
leptop

brief
xat

bericht
xəbər

mobiele telefoon
kesə telefonı

netwerk
çeltər

kopieermachine
fotokopyaçı

software
program təminatı

telefoon
telefon

stopcontact
ayırğıç

fax
faks

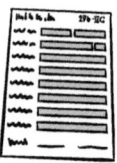
formulier
form

document
dokument

economie
iqtisad

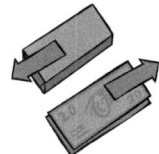
kopen
satıp alırğa

betalen
tülərgə

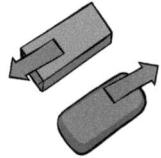
handel drijven
səwdə itərgə

geld
aqça

dollar
dollar

euro
euro

yen
yen

roebel
sum

Zwitserse frank
frank

renminbi yuan
yuan

roepie
rupi

geldautomaat
bankomat

wisselkantoor

valüta bürosı

goud

altın

zilver

kömeş

olie

qaramay

energie

energiyə

prijs

bəyə

contract

kontrakt

belasting

salım

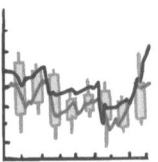

aandeel

stok

werken

eşlərgə

werknemer

eşçe

werkgever

eş birüçe

fabriek

fabrika

winkel

kibet

economie - iqtisad

beroepen
hönərlər

politieagent
polisə xezmətkərə

brandweerman
yangın sünderüçe

piloot
oçuçı

dokter
tabib

kok
aşçı

tuinman
baqçaçı

timmerman
ağaç ostası

naaister
tegüçe

rechter
xökemçe

scheikundige
kimiyəçe

toneelspeler
aktor

beroepen - hönərlər

buschauffeur	taxichauffeur	visser
awtobus yörtüçe	taksiçe	balıqçı

schoonmaakster	dakdekker	ober
cıyıştıruçı xatın	tübə yabuçı	tabınçı

jager	schilder	bakker
awçı	rəssam	ikməkçe

elektricien	bouwvakker	ingenieur
elektrçı	tözüçe	möhəndis

slager	loodgieter	postbode
itçe	çöməkçe	yamılçı

beroepen - hönərlər

soldaat
ğəskəri

architect
miğmar

kassier
kassir

bloemist
çəçəkçe

kapper
çəçtaraş

conducteur
konduktor

monteur
mekanik

kapitein
kapitan

tandarts
teş tabibı

wetenschapper
ğalim

rabbi
rabbi

imam
imam

monnik
kəşiş

pastoor
ruxani

beroepen - hönərlər

gereedschap
ələtlər

hamer
çəkəç

tang
qarğaborın

schroevendraaier
şörəpborğıç

moersleutel
İngliz açqıçı

zaklamp
qul fanarı

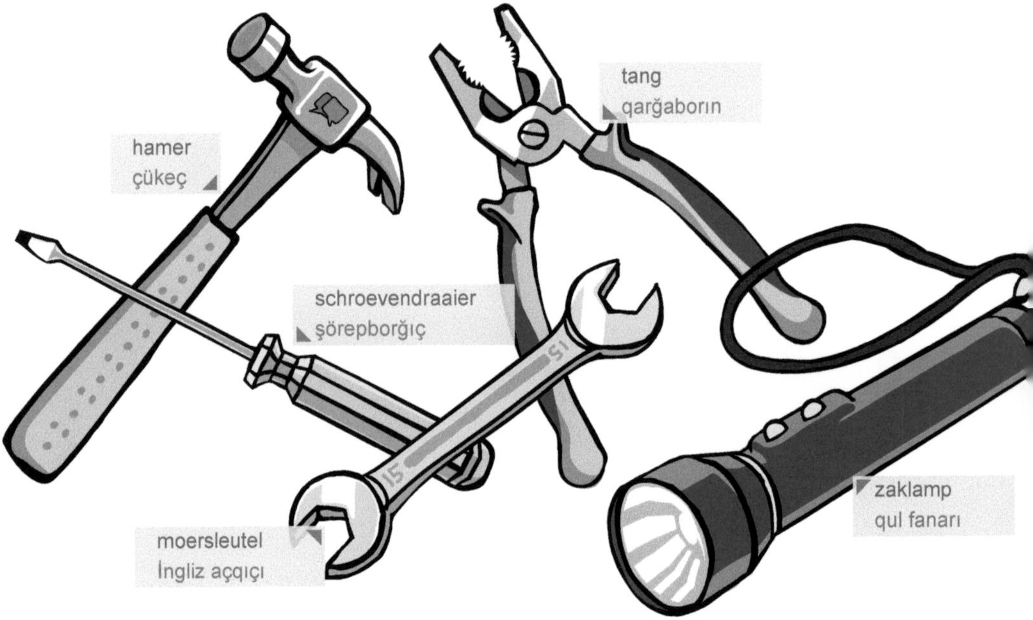

graafmachine

qazu maşinası

gereedschapskist

ələt buqçası

ladder

basqıç

zaag

pıçqı

spijkers

qadaqlar

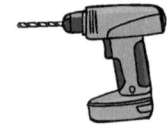

boor

dril

repareren
tözətergə

schep
körək

Verdorie!
Şaytan alğırı!

stofblik
sosqı

verfpot
buyaw sawıtı

schroeven
mıqlar

muziekinstrumenten
muzıka alətlərə

piano
piano

viool
kəmən

bas
bas gitar

pauk
timpani

trommel
dawılbaz

keyboard
töyməsar

saxofoon
saksofon

fluit
flüt

microfoon
mikrofon

muziekinstrumenten - muzıka alətlərə

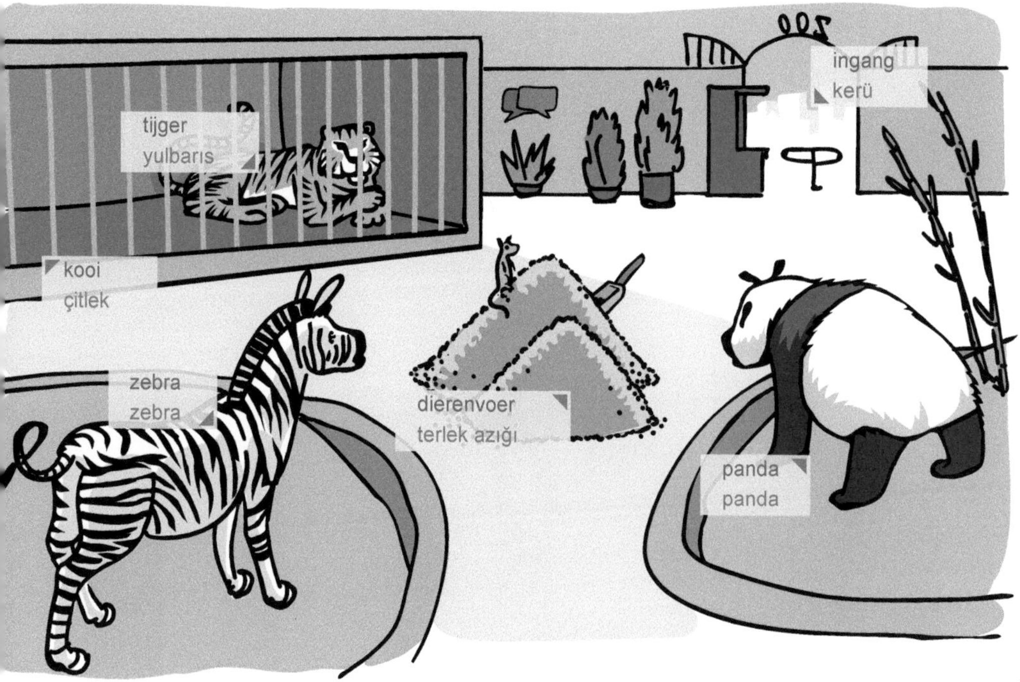

dierentuin
xaywan baqçası

- tijger / yulbarıs
- kooi / çitlek
- zebra / zebra
- dierenvoer / terlek azığı
- ingang / kerü
- panda / panda

dieren
xaywannar

olifant
fil

kangoeroe
köngerə

neushoorn
kərkədən

gorilla
gorilla

beer
ayu

dierentuin - xaywan baqçası

kameel | struisvogel | leeuw
döyə | təwə qoşı | arıslan

aap | flamingo | papegaai
maymıl | flamingo | tutıy qoş

ijsbeer | pinguïn | haai
aq ayu | pingwin | küpek balığı

pauw | slang | krokodil
tawis | yılan | timsax

dierenverzorger | zeehond | jaguar
xaywan baqçası xezmətkəre | suete | yaguar

dierentuin - xaywan baqçası

pony
poni

luipaard
qaplan

nijlpaard
su ayğırı

giraffe
zörəfə

adelaar
börket

wild zwijn
qaban duñğızı

vis
balıq

schildpad
taşbaqa

walrus
morşa

vos
tölke

gazelle
ğəzəl

dierentuin - xaywan baqçası

sport
sport törləre

activiteiten
itkenleklər

springen — sikerergə
lachen — kölərgə
knuffelen — qoçaqlarğa
lopen — yörergə
zingen — cırlarğa
dromen — xıyallanırğa
bidden — ğibədət qılırğa
kussen — übərgə

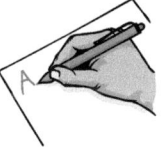

schrijven
yazarğa

tekenen
rəsem yasarğa

tonen
kürsətergə

duwen
etərgə

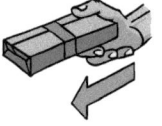

geven
birergə

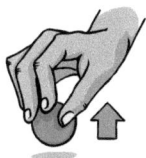

oppakken
alırğa

hebben
iyə bulırğa

doen
eşlərgə

zijn
bulırğa

staan
basıp torırğa

rennen
yögerergə

trekken
tartırğa

gooien
taşlarğa

vallen
yığılırğa

liggen
yatarğa

wachten
kötərgə

dragen
taşırğa

zitten
utırırğa

aankleden
kiyenergə

slapen
yoqlarğa

wakker worden
uyanırğa

activiteiten - itkenleklər

bekijken
qararğa

huilen
yılarğa

strelen
sıyparğa

kammen
tararğa

praten
söyləşergə

begrijpen
aňlarğa

vragen
sorarğa

horen
tıňlarğa

drinken
eçərgə

eten
aşarğa

opruimen
cıyıştırınırğa

houden van
söyərgə

koken
peşerergä

rijden
sörergə

vliegen
oçarğa

activiteiten - itkenleklər

zeilen
diñgezgə açılu

rekenen
isəpləw

lezen
uqırğa

leren
öyrənergə

werken
eşlərgə

trouwen
öylənergə

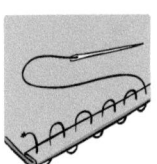

naaien
tegərgə

tandenpoetsen
teş fırçalarğa

doden
üterergə

roken
təməke tartırğa

verzenden
cibərergə

activiteiten - itkenleklər

familie
ğailə

- grootmoeder / əbi
- grootvader / babay
- vader / ata
- moeder / ana
- baby / sabıy
- dochter / qız
- zoon / ul

gast
qunaq

tante
apa

oom
abıy

broer
abıy / ene

zus
apa / señel

familie - ğailə

lichaam
tən

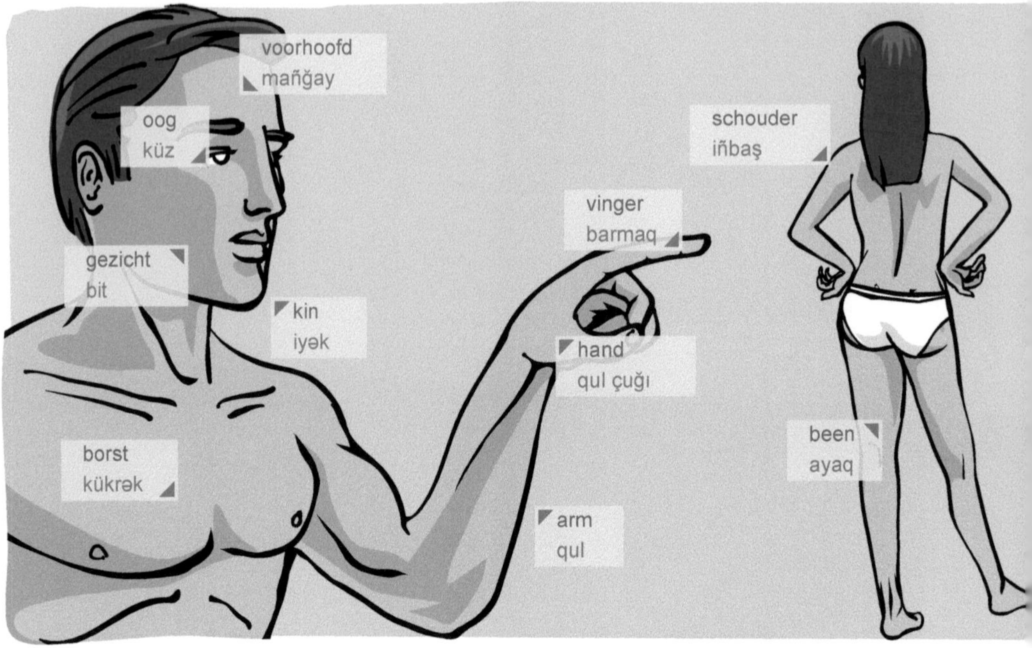

voorhoofd
mañğay

oog
küz

schouder
iñbaş

vinger
barmaq

gezicht
bit

kin
iyək

hand
qul çuğı

borst
kükrək

been
ayaq

arm
qul

baby

sabıy

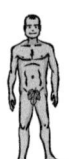

man

ir

vrouw

xatın

meisje

qız

jongen

malay

hoofd

baş

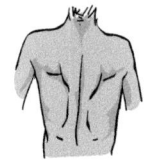
rug
arqa

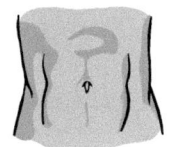
buik
eç

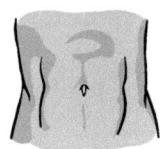
navel
kendek

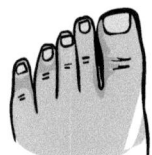
teen
ayaq barmağı

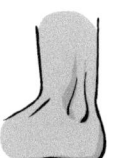
hiel
ükçə

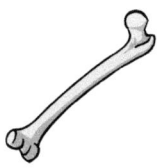
bot
söyək

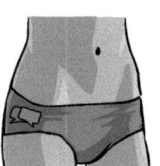
heup
bot

knie
tez

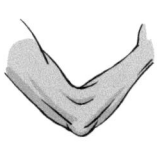
elleboog
tersək

neus
borın

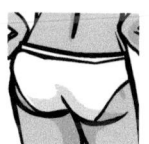
achterwerk
art san

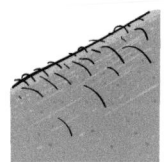
huid
tire

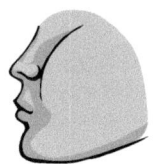
wang
yañaq

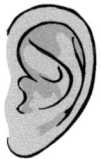
oor
qolaq

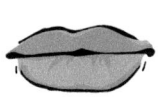
lippen
iren

lichaam - tən

mond
awız

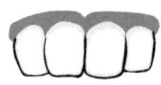

tand
teş

tong
tel

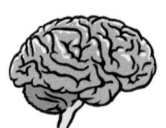

hersenen
mi

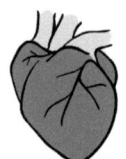

hart
yörək

spier
ğəzlə

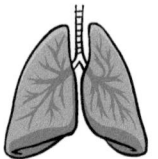

long
üpkə

lever
bawır

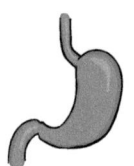

maag
aşqazanı

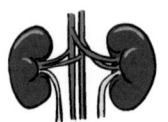

nieren
böyerlər

geslachtsgemeenschap
seks

condoom
prezervativ

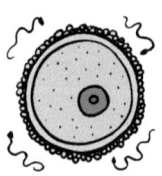

eicel
kükəy küzənək

sperma
məni

zwangerschap
kömən

lichaam - tən

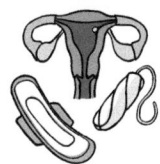

menstruatie
kürem

vagina
vagina

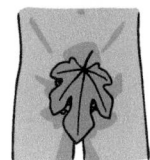

penis
penis

wenkbrauw
qaş

haar
çəçlər

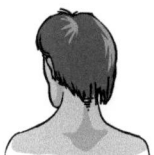

hals
muyın

ziekenhuis
xastaxanə

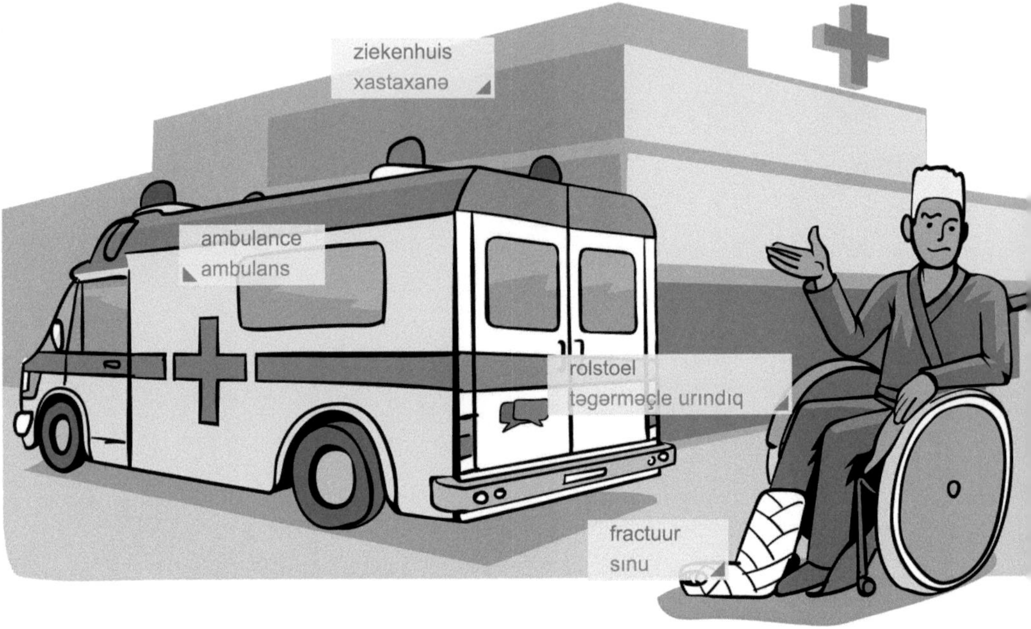

ziekenhuis
xastaxanə

ambulance
ambulans

rolstoel
təgərməcle urındıq

fractuur
sınu

dokter
tabib

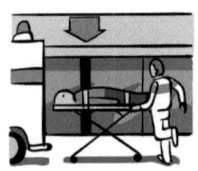

EHBO
aşığıç yərdəm bülməse

verpleegster
şəfqət tutaşı

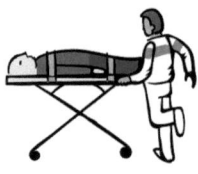

noodgeval
kiçektergesez xəl

bewusteloos
añsız

pijn
awırtu

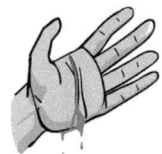
verwonding
cərəxətlənü

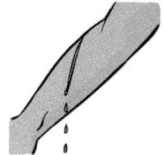
bloeding
qan ağu

hartaanval
infarkt

beroerte
insult

allergie
allergiyə

hoest
yütəl

koorts
qızu

griep
grip

diarree
eç kitü

hoofdpijn
baş awırtu

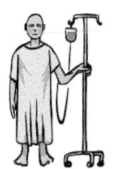
kanker
yaman şeş

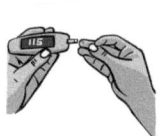
diabetes
diabet

chirurg
xirurg

scalpel
skalpel

operatie
ğəməliyət

ziekenhuis - xastaxanə

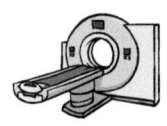
CT
ST

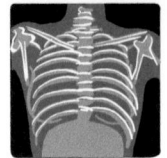
röntgen
röntgen

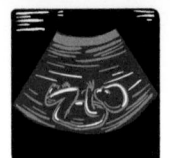
echografie
ultratawış

gezichtsmasker
bitlek

ziekte
awıru

wachtkamer
kötü bülməse

kruk
qultıq tayağı

pleister
plaster

verband
bəyləweç

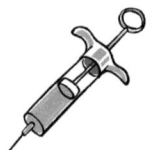
injectie
qadaw

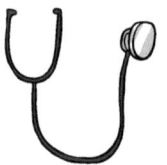
stethoscoop
stetoskop

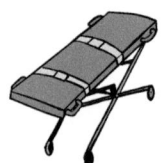
brancard
sədiyə

thermometer
klinik termometr

geboorte
tuu

overgewicht
artıq awırlıq

ziekenhuis - xastaxanə

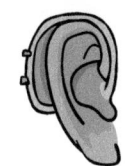  

gehoorapparaat — işetü cihazı

ontsmettingsmiddel — dezinfektant

infectie — yoğış

virus — virus

HIV / AIDS — KİV / BİDS

medicijn — daru

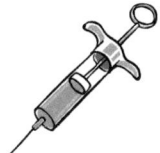 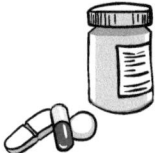 

inenting — vaksinalanu

tabletten — tabletlər

pil — kontraseptiv tablet

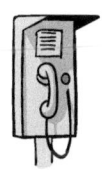  

alarmnummer — aşığıç çaqıru

bloeddrukmeter — qan basımı ülçəgeçe

ziek / gezond — awıru / sələmət

ziekenhuis - xastaxanə

noodgeval
kiçektergesez xəl

Help!
Qotqarığız!

alarm
xəwef tawışı

overval
höcüm

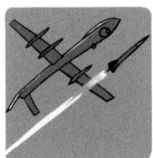

aanval
höcüm

gevaar
qurqınıç

nooduitgang
aşığıç çığu

brandblusser
ut sündergeç

ongeluk
qaza

Brand!
Yangın!

EHBO-koffer
berençe yərdəm buqçası

SOS
SOS

politie
polisə

aarde
Cir

Europa
Awrupa

Noord-Amerika
Tönyaq Amerika

Zuid-Amerika
Könyaq Amerika

Afrika
Afrika

Azië
Asya

Australië
Awstralya

Atlantische Oceaan
Atlantik okean

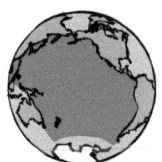

Stille Oceaan
Tın okean

Indische Oceaan
Hind okeanı

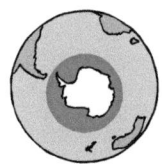

Zuidelijke Oceaan
Antarktik okean

Noordelijke IJszee
Arktik okean

Noordpool
Tönyaq qotıp

Zuidpool
Könyaq qotıp

Antarctica
Antarktika

aarde
Cir

land
qorı cir

zee
diñgez

eiland
utraw

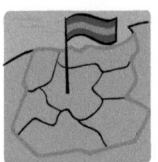
natie
millət

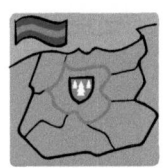
staat
dəwlət

klok
səğət

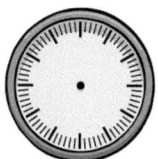

wijzerplaat
səğət bite

uurwijzer
səğət uğı

minutenwijzer
minut uğı

secondewijzer
sekund uğı

Hoe laat is het?
Səğət niçə?

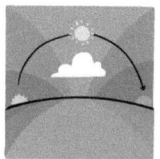

dag
kön

tijd
waqıt

nu
xəzer

digitaal horloge
dijital səğət

minuut
minut

uur
səğət

week
atna

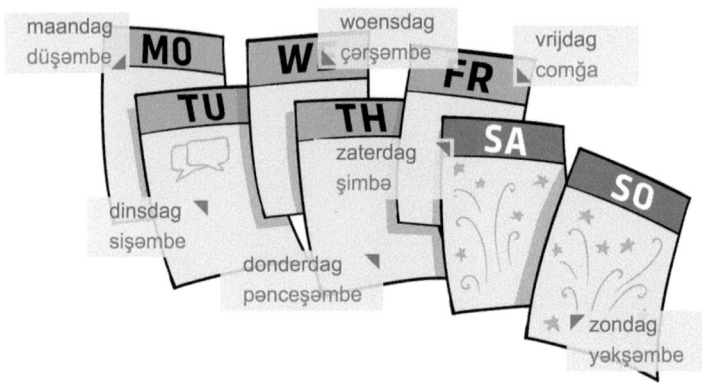

gisteren
kiçə

vandaag
bügen

morgen
irtəgə

ochtend
irtə

middag
töş

avond
kiç

werkdagen
eş könnəre

weekend
yal könnəre

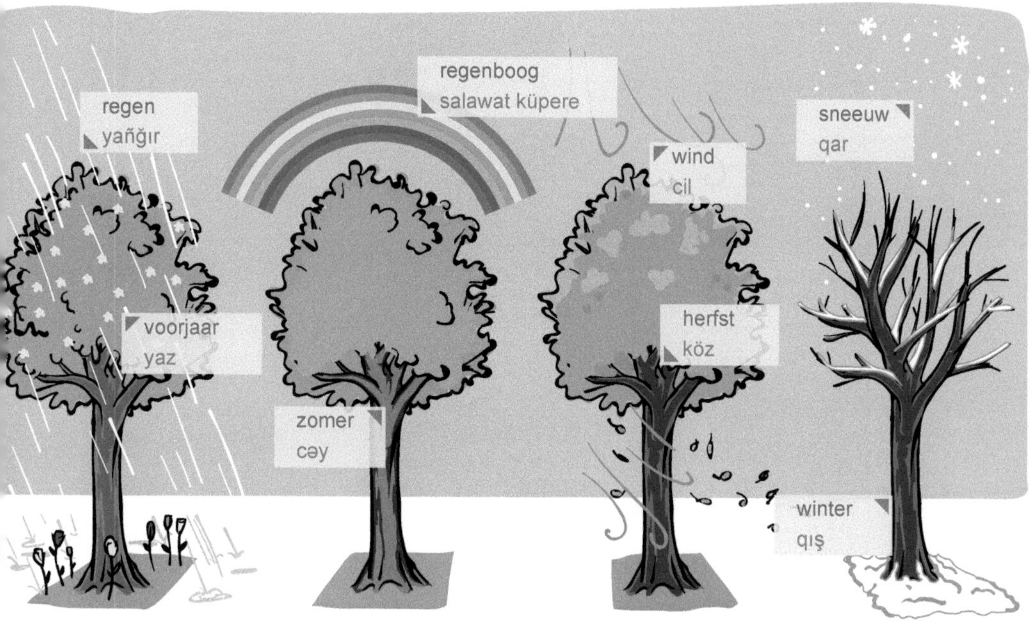

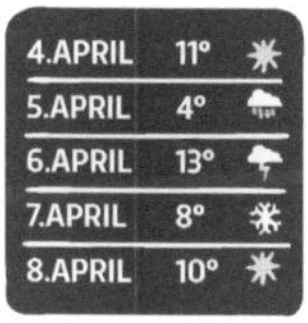

jaar
yıl

regen / yañğır
regenboog / salawat küpere
sneeuw / qar
wind / cil
voorjaar / yaz
zomer / cəy
herfst / köz
winter / qış

weerbericht
hawa torışı

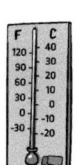
thermometer
termometr

zonneschijn
qoyaş yaqtısı

wolk
bolıt

mist
toman

luchtvochtigheid
dımlılıq

jaar - yıl

bliksem
yəşen

donder
kük kükrəw

storm
dawıl

hagel
boz

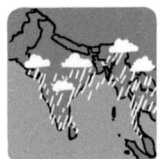

moesson
musson

overstroming
su basu

ijs
boz

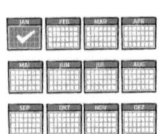

januari
Qırlaç

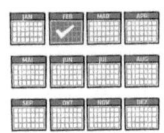

februari
Aqman

maart
Buşay

april
Yañarış

mei
Saban

juni
Çereşmə

juli
Peçən

augustus
Uraq

jaar - yıl

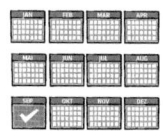
september
Indır

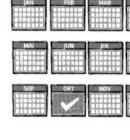
oktober
Bilek

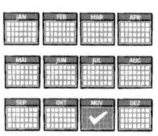
november
Qaraköz

december
Kerəw

vormen
şəkellər

cirkel
tügərək

vierkant
dürtkel

rechthoek
turıpoçmaq

driehoek
öçpoçmaq

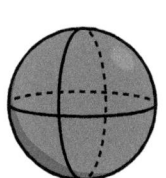
bol
körrə

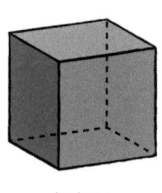
kubus
kub

vormen - şəkellər

kleuren
töslər

wit
aq

geel
sarı

oranje
qızğılt sarı

roze
al

rood
qızıl

paars
şəməxə

blauw
zəñgər

groen
yəşel

bruin
körən

grijs
sorı

zwart
qara

tegenstellingen
qapma-qarşılıqlar

veel / weinig
küp / az

boos / rustig
usal / tınıç

mooi / lelijk
matur / yəmsez

begin / einde
baş / axır

groot / klein
zur / keçkenə

licht / donker
yaqtı / qarañğı

broer / zus
abıy, ene / apa, señel

schoon / vies
taza / pıçraq

volledig / onvolledig
təmam / təmamlanmağan

dag/ nacht
kön / tön

dood / levend
üle / tere

breed / smal
kiñ / tar

eetbaar / oneetbaar

aşarğa yaraqlı / aşarğa yaraqsız

gemeen / aardig

yaman / yaxşı

opgewonden / verveeld

dulqınlanğan / yalıqqan

dik / dun

yuan / yabıq

eerste / laatste

berençe / soñğı

vriend / vijand

dus / doşman

vol / leeg

tulı / buş

hard / zacht

qatı / yomşaq

zwaar / licht

awır / ciñel

honger / dorst

açlıq / susaw

ziek / gezond

awıru / sələmət

illegaal / legaal

qanunsız / qanunlı

intelligent / dom

aqıllı / aqılsız

links / rechts

sul / uñ

dichtbij / ver

yaqın / yıraq

tegenstellingen - qapma-qarşılıqlar

nieuw / gebruikt
yaña / qullanılğan

niets / iets
hiçnərsə / nərsəder

oud / jong
ölkən / yəş

aan / uit
abızdırılğan / sünderelgən

open / gesloten
açıq / yabıq

zacht / luid
tawışsız / göreltele

rijk / arm
bay / yarlı

goed / fout
döres / yalğış

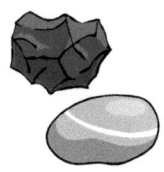
ruw / glad
qıtırşı / şoma

verdrietig / gelukkig
küñelsez / küñelle

kort / lang
qısqa / ozın

langzaam / snel
aqrın / tiz

nat / droog
dımlı / qorı

warm / koel
cılı / salqın

oorlog / vrede
suğış / tınıçlıq

tegenstellingen - qapma-qarşılıqlar

getallen
sannar

0
nul
sıfır

1
één
ber

2
twee
ike

3
drie
öç

4
vier
dürt

5
vijf
biş

6
zes
altı

7
zeven
cide

8
acht
sigez

9
negen
tuğız

10
tien
un

11
elf
unber

12
twaalf
unike

13
dertien
unöç

14
veertien
undürt

15
vijftien
unbiş

16
zestien
unaltı

17
zeventien
uncide

18
achttien
unsigez

19
negentien
untuğız

20
twintig
yegerme

100
honderd
yöz

1.000
duizend
meñ

1.000.000
miljoen
million

getallen - sannar

talen
tellər

Engels — inglizçə

Amerikaans Engels — Amerika inglizçəse

Chinees Mandarijn — Mandarin qıtayçası

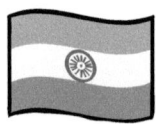 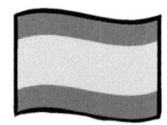 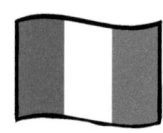

Hindi — hindi

Spaans — İspança

Frans — Fransızça

 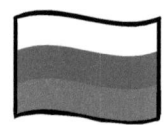 

Arabisch — Ğərəpçə

Russisch — Rusça

Portugees — Portugalça

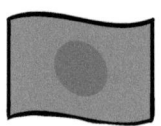  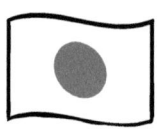

Bengalees — Bengali

Duits — Almança

Japans — Yaponça

wie / wat / hoe
kem / nərsə / niçek

ik
min

jij
sin

hij / zij / het
ul / ul / ul

wij
bez

jullie
sez

zij
alar

wie?
kem?

wat?
nərsə?

hoe?
niçek?

waar?
qayda?

wanneer?
qayçan?

naam
isem

waar
qayda

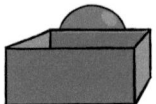

achter
artta

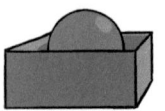

in
eçendə

voor
aldında

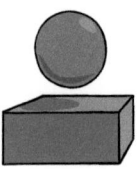

boven
östendə

op
östendə

onder
astında

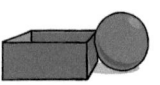

naast
yanında

tussen
arasında

plaats
urın